U0503257

《杭州市萧山区第一次全国可移动文物普查成果》 丛书编辑委员会

顾　　问：何　波　黄晓燕

主　　任：吴文斌　董茶仙

副 主 任：吕小松　任张标

编　　委：毛晓江　王晓勇　金志鹃　施加农　杨国梅　崔太金
　　　　　张学惠　毛剑勇　陈　伟

总　　编：施加农

《杭州市萧山区第一次全国可移动文物普查成果·陶瓷卷》

主　　编：任芳琴　杨国梅

编撰人员：（以姓氏笔画为序）

王兴海　方　勇　孔飞燕　任芳琴　吕美巧　孙　璐

杨国梅　张学惠　严晓卓　芦芳芳　金志鹃　孟佳恩

施加农　贺少俊　崔太金　谢红英　傅辰琪　蔡敏芳

杭州市萧山区第一次全国可移动文物普查成果

陶瓷卷

杭州市萧山区第一次全国可移动文物普查办公室　编

文物出版社

图书在版编目（CIP）数据

杭州市萧山区第一次全国可移动文物普查成果．陶瓷
卷／杭州市萧山区第一次全国可移动文物普查办公室编．
—— 北京：文物出版社，2016.12
　　ISBN 978-7-5010-4864-9

　　Ⅰ．①杭… Ⅱ．①杭… Ⅲ．①文物－萧山区－图录②
古代陶瓷－萧山区－图录 Ⅳ．①K872.554.2

中国版本图书馆CIP数据核字(2016)第301983号

杭州市萧山区第一次全国可移动文物普查成果·陶瓷卷

编　　　者：杭州市萧山区第一次全国可移动文物普查办公室

责任编辑：王　媛
责任印制：张道奇

出版发行：文物出版社
社　　址：北京市东直门内北小街2号楼
邮　　编：100007
网　　址：http://www.wenwu.com
邮　　箱：web@wenwu.com
经　　销：新华书店
制版印刷：北京图文天地制版印刷有限公司
开　　本：889×1194　1/16
印　　张：10.5
版　　次：2016年12月第1版
印　　次：2016年12月第1次印刷
书　　号：ISBN 978-7-5010-4864-9
定　　价：188.00元

本书版权独家所有，非经授权，不得复制翻印

总　序

　　人类在上万年的文明进程中，以特有的聪明才智与不断探索的精神改造了世界，创造了辉煌的文明，留下了浩如烟海的文化遗产。这些文化遗产有物质的，也有非物质的。物质的文化遗产也就是人们通常所说的"文物"，有不可移动的，还有可移动的。在"物"的前面加上一个"文"字，表明此"物"是人类文明的产物，以别于自然生成的"物"。

　　我们的先祖在文明初创时期，将自然生成的树木、玉石、矿藏、泥土等物质进行加工、制作，改变其本有的属性，成为具有文化属性的木器、石器、骨角器等生产工具和生活用具。尤其是在长期使用火的过程中，发现松软的泥土经烈火的洗礼会变得非常坚硬，于是利用这种特性发明了陶器。陶器的制作不同于其他质地物品的加工，它是泥土在产生了质变后最终成的一种器皿，是人类文明初期认识世界、改造的世界的伟大创造。陶器的出现，为人们储存粮食作物提供了容器，为炊煮熟食带来了便利，在人类文明史上具有划时代的意义。

　　当下的我们无法想象，史前时期的人们是如何与自然抗争、与灾难抗争的，为了求得生存、获得食物又是如何与野兽搏斗的。在生产力极其原始的境况下，人类却还能不断发展，不仅创造了极为丰富的物质文化，还创造了繁花似锦的精神文化。人口的繁衍，物产的积累，文化的创造，为人类社会进入崭新的历史时期奠定了不可或缺的基础。试想，没有史前先民们在艰难环境下的生息繁衍和了不起的创造，何来后世伟大的中华文明？何来现在的强大国家？这一切的一切，哪一点不值得我们颂扬，哪一点不值得我们珍惜，哪一点不值得我们呵护？

　　地处中国东南一隅的萧山位于浙江东北部，北滨钱塘江与杭州市隔江相望，南接历史文化名城绍兴。萧山隶属杭州市，这个区县级城市却有着 8000 年的文明史。跨湖桥文化遗址的发现与发掘，展现出萧山远古时期的辉煌。萧山是中国瓷器的源头之一，从浦阳江流域的进化到永兴河流域的戴村，自春秋至南朝，上千年窑火绵绵不断，焙烧出古朴青翠的陶瓷器。句践、西施、范蠡等在这片土地上留下了不朽的印迹。固陵城、航坞山、商周聚落遗址、土墩墓如满天星辰，浓郁的越文化洒遍萧然大地，谱写出庄严的越地圣歌。萧山自古还是南北通衢的繁华之地，世界遗产大运河横贯东西，漕运、商贸，百舸争流。建县 2000 多年来，萧山孕育出无数志士仁人，唐代诗人贺知章的《回乡偶书》咏遍华夏大地；杨时围湘湖，张夏筑海塘，造福后世，千秋传颂；民族英雄葛云飞奋力抗击英夷侵略军，为国捐躯；"萧山相国"朱凤标力主抗击英法联军，为清廷少有之主战派，铁骨铮铮，映照世人；"海上四任"开创了近现代崭新的画风，影响深远。

文物是文化的载体，是历史信息的再现。当数千年前的遗物穿越时空展现在我们眼前时，或感慨，或震撼。通过文物与古人隔空对话，爱乡、爱国之情油然而生。这就是文物的魅力，这就是文化的力量。

文物是不可再生的，在天灾人祸不断侵害下，先人千万年来遗留的印迹正在飞速消失，保护好我们珍贵的文化遗产已是刻不容缓。2013 年，第一次全国可移动文物普查在萧山同步展开。虽无浩大的声势，但我们的普查队员们却有着保护文物的坚定信念和脚踏实地的作风，克服了人员少，被普查方不理解、不配合，系统外收藏单位无专业力量等重重困难，实现了普查范围 100％的目标。以萧山博物馆为骨干，区文广新局文物科抽调力量所组成的普查队，在保质按时完成萧山博物馆文物藏品普查任务的前提下，深入每个系统外收藏单位，直接进行藏品的认定、图片拍摄、信息采集、文字登录等工作，从而保质保量，圆满完成了普查的各项任务。普查实现了摸清家底，掌握萧山各国有单位文物收藏情况的目的。有利于准确掌握和科学评价萧山文物资源情况和价值，建立文物登录备案机制，健全文物保护体系，加大保护力度，扩大保护范围，保障文物安全。有利于进一步保障文物资源整合利用，丰富公共文化服务内容，有效发挥文物在国民经济和社会发展总体布局中的积极作用，为促进文化强区建设奠定良好的基础。

普查共登录文物藏品 4282 件（套），其中一级文物 25 件（套）、二级文物 131 件（套）、三级文物 1390 件（套），约占总数的 40％。在这些文物中，又以陶瓷器和书画数量最多。

陶瓷器共 1503 件（套），涵盖远古时期的跨湖桥文化各类陶器，商周时期的印纹硬陶与原始青瓷，两汉时期的印纹硬陶与早期青瓷，三国两晋南朝越窑、瓯窑、德清窑、湘阴窑青瓷器，隋唐宋元越窑与龙泉窑青瓷器、景德镇窑青白瓷，明清景德镇窑青花、粉彩等瓷器，时代连贯，窑口众多，品种丰富，仿佛是一部简编的中国古陶瓷发展史。尤其突出的是商周至六朝时期的陶瓷器，种类繁多，精品迭出，反映了萧山厚重的早期陶瓷文化，是萧山作为中国瓷器发源地之一的重要物证。精美的印纹硬陶与早期青瓷器是萧山博物馆的特色藏品，绝无仅有的西晋越窑青瓷人物俑是萧山博物馆的镇馆之宝。

萧山曾有"丹青之乡"之称。跨湖桥遗址的彩陶器翻开了萧山美术史的灿烂篇章。南宋大书家张即之名震海内外，为始建于南朝的古刹觉苑寺书写"江寺"二字，匾于山门。元代书画大家赵孟頫亲笔为萧山县学重建大成殿碑记挥毫，鲜于枢的小楷书于碑阴，二大家合书一碑，可谓珠联璧合，以至于该碑被奉为"江南第一碑"。近代史上的"海上画派"更是开启了中国绘画史崭新的风气，萧山任伯年是"海派画坛"中的巨擘，更是一代画家中的领军者。在普查登录的 1485 件书画文物中，有 900 多件属于国家三级以上珍贵文物。其中不乏文徵明、章声、王树榖、俞龄、诸昇等明至清初书画名家的作品，更多的是汤金钊、葛云飞、朱凤标等萧山历史名人的佳作遗墨，以及任熊、任薰、任预、丁文蔚、胡术、朱文钧、朱家济等萧山本土书画名家和虚谷、蒲华、赵之谦、吴昌硕等"海派"书画家的作品，还有"南社"社员诸多墨宝和"西泠八家"的力作。可谓名家云集，精彩纷呈。

在为数不多的金属类器皿中，出土于湘湖压湖山的五方新莽时期"大泉五十"叠铸铜母范，是新莽时期货币制度的重要物证，十分珍贵；东汉吴越人物纹铜镜刻划了吴王夫差、越王句践、范蠡、伍子胥、越女等几组人物，生动再现了人物的性格特征；出土于河庄蜀山的良渚文化玉璧是当时良渚文化跨过钱塘江的重要线索，给考古学家提供了新的启示。

让普查队员感到欣慰的是，除萧山博物馆以外，区内另有 8 家国有单位收藏有可移动文物，藏品共 482 件，数量虽不算多，但具有一定的时代特征和地方特色，尤其是民国以来的家具、书籍和生活用品等较为重要。这些系统外国有单位的收藏品，不仅填补了国有博物馆的一些空白，更反映了系统外国有单位对文物和文化遗产保护利用的重视。

把普查的成果及时回报给社会是我们普查者的心愿，因此在普查各项任务完成后即将普查成果汇编成书公开出版，以飨读者。

是为序。

施加农

　　陶瓷的出现是人类文明起源的重要象征之一，它凝聚着人们的辛勤和智慧，成为人类历史文化最具代表性的物证之一。萧山是中国古陶瓷的发源地之一，至少在八千年前的跨湖桥文化就已出现了陶器，其黑皮陶、红皮陶和彩陶都非常精美，还出现了绳纹、篮纹、方格纹等拍印纹饰，各种陶釜的口沿下基本都拍印满了纹饰；同时出土的还有陶里手这类用来修整陶器的工具，说明泥条盘筑和慢轮修整技术已基本成熟。跨湖桥遗址出土的陶器所体现的许多先进的工艺技术，表明当地先民对中国古代制陶技术的发展做出了特殊贡献，谱写了萧山灿烂文化的序篇。

　　萧山的窑址调查早在 1956 年 5 月就已开始，当时孙勤同志在进化区调查发现了古代窑址，随后浙江省文物管理委员会对窑址群进行了田野调查，揭开了萧山商周时期文化遗址保护与研究的序幕。此后，共在进化区域调查发现了商周窑址 23 处。这也印证了当地至今流传的"周朝天子八百年，座座山头冒青烟"的民谣，说明萧山是当时印纹硬陶和原始瓷的重要产地之一。萧山的进化镇地处钱塘江南岸的浦阳江流域，山林茂密，丘陵绵延，瓷土资源丰富，水运便利，是烧制陶瓷的理想场所。现今发现的窑址多建在依山傍水的小山坡上，遗址堆积以印纹硬陶残片和原始瓷残片为主，纹饰多样，器形丰富。如位于萧山进化镇大汤坞村的茅湾里窑址，为全国重点文物保护单位，发现于 20 世纪 50 年代，是萧山境内发现的春秋战国时期烧制印纹硬陶与原始瓷的典型窑址。窑址的废品堆积长 200 多米，厚 1～2 米，发现了窑炉遗迹，其战国原始瓷的吸水率普遍偏低，最低的达 0.16%，工艺水平已接近成熟瓷器。

　　2001 年 10 月，为配合 03 省道建设，对进化镇邵家塔村东南的前山窑址进行了抢救性考古发掘，揭露面积 152 平方米，发现龙窑窑床遗迹两处，获取了大量的印纹硬陶和原始瓷标本。前山窑址的发掘首次完整揭露了春秋时代的龙窑遗迹，揭示了印纹硬陶与原始瓷同窑合烧的特性，以及可能出现的投柴孔和分段烧窑技术，对研究春秋战国时期窑业生产与龙窑技术发展史具有重要的学术价值。

2005 年 9 ~ 12 月，对进化镇席家村西北侧的安山窑址进行了抢救性考古发掘，发掘面积约 400 平方米，清理出春秋战国时期龙窑 3 座。由出土的窑床堆积物分析得知，此地从春秋中期至战国中期一直窑火不断，陶瓷业十分兴盛。此外还印证了前山窑址印纹硬陶和原始瓷同窑合烧的发现，证实了装烧方法有支烧和叠烧两种。在一处窑床的火膛两侧还发现了护窑建筑遗迹，这在同时期窑址发掘中尚属首次发现，对研究春秋战国时期龙窑建造和烧制状况有重要价值。

在萧山的长河（今属・杭州市滨江区）、戴村、进化、所前、长山等西周至战国时期的墓葬中都发现过印纹硬陶和原始瓷，说明印纹硬陶与原始瓷已成为当时主要的生活用品和墓葬用具。

楚灭越战争、秦国统一战争及秦末农民战争、楚汉相争等一系列战争的相继破坏，导致人口锐减、百业凋零，一些陶瓷烧造技术失传。这一时期陶瓷胎料的选择、粉碎、淘洗等不及战国时期精细，胎质粗松，断面可见较多的砂粒，质量不稳定。

两汉与三国两晋南北朝时期，是中国古代陶瓷业经过战国末年至西汉前期的战乱导致衰落后，逐渐走向成熟并走向又一高峰的时期，也是萧山古陶瓷发展的第二个重要阶段。

西汉景帝时期平定了吴、楚的"七国之乱"，加强了中央集权。汉元鼎五年（公元前 112 年）秋至元鼎六年（公元前 113 年）冬争得了与南越、闽越战争的胜利，平定了南越国，统一了政权，进一步加速了各地区的交流和融合。此时儒家兴起，经济复苏，促进了陶瓷业的飞速发展。这一时期的墓葬中出土了大量的陶瓷器，许多仿青铜器造型，种类繁多，并逐渐成为丧葬器物的主流。萧山本地发现残存的汉代窑址不多，20 世纪 80 年代调查时曾发现汉代窑址 3 处，六朝青瓷窑址 3 处。

东汉时期，经过长期经验的积累，在原料的拣选、釉的配制和施釉技术，以及窑炉结构、烧成温度、烧成气氛的控制等方面均达到了烧制瓷器的条件，在浙江上虞一带首先出现了比较成熟的青釉瓷器。此外，在萧山衙前凤凰山还出土了一些精美的黑褐釉瓷，如20世纪90年代出土了一件褐釉五管瓶，2011年4月出土了一件褐釉洗。

萧山现今发现的东汉三国两晋南北朝时期窑址主要分布在永兴河流域的戴村镇，如上董窑址、石盖窑址、戴家山窑址等。萧山这个时期的窑业虽与春秋时期不可同日而语，脱离了窑业中心主产区的地位，是众多地方窑业在此时期继续发展和延烧的一个缩影，但也是早期越窑的重要组成部分。

古陶瓷是萧山珍贵的文化遗产，也是萧山古代社会政治、经济、文化发展的一个缩影，向世人展示了萧山辉煌的文明历程。

目录

陶器

1. 商席纹硬陶提梁盉

高 19.2、流口径 5.4 厘米

2. 商席纹硬陶单柄壶

高 12.0 厘米

3. 商编织纹双系硬陶尊

高 22.2、口径 27.8、底径 17.5 厘米

4. 商方格纹双耳硬陶罐

高 8.6、口径 10.7 厘米

5. 商绳纹圜底灰陶罐

高 24.4、口径 17.1 厘米

6. 商席纹三系硬陶罐

高 15.0、口径 14.3、底径 9.0 厘米

7. 西周云雷纹硬陶罐

高 7.3、口径 10.2、底径 9.7 厘米

8. 西周印纹硬陶罍

高 23.6、口径 13.3、底径 13.0 厘米

9. 西周印纹硬陶罍

高 55.4、口径 27.2、底径 32.0 厘米

10. 西周扁棱双系印纹硬陶罍

高 24.6、口径 23.0、底径 21.3 厘米

11. 西周印纹硬陶兽耳罍

高 25.4、口径 17.7、底径 18.4 厘米

12. 西周扁棱兽形系印纹硬陶坛

高 31.9、口径 9.0、底径 20.5 厘米

13. 西周印纹硬陶坛

高 41.2、口径 20.5、底径 22.0 厘米

14. 西周曲折纹扉棱硬陶尊

高 24.2、口径 13.2、底径 18.3 厘米

15. 西周曲折纹瓿形罐

高 22.2、口径 23.0、底径 18.2 厘米

16. 西周曲折纹兽形系硬陶罐

高 15.3、口径 10.0、底径 15.5 厘米

17. 西周云雷纹硬陶尊

高 11.1、口径 13.7、底径 11.9 厘米

18. 西周云雷纹间回字纹硬陶罍

高 53.2、口径 27.7、底径 30.0 厘米

陶瓷卷

19. 西周印纹硬陶罐

高 11.1、口径 13.3、底径 15.4 厘米

20. 春秋席纹双系硬陶壶

高 19.6、口径 12.7、底径 12.6 厘米

21. 春秋云雷纹硬陶双系罐

高 16、口径 10.5、底径 14.9 厘米

22. 春秋印纹硬陶坛

高 59.5、口径 26.0、腹径 45.7、底径 24.3 厘米

23. 春秋三兽耳印纹硬陶坛

高 55.2、口径 23.4、腹径 42.3、底径 23.2 厘米

24. 春秋双绳索系印纹硬陶罐

高 19.4、口径 14.2、底径 14.5 厘米

25. 春秋印纹硬陶双系罐

高 13.2、口径 12.9、底径 12.6 厘米

26. 春秋方格人形纹硬陶罐

高 13.1、口径 13.6、底径 14.1 厘米

27. 春秋米筛纹硬陶罐

高 15.8、口径 16.0、底径 17.7 厘米

28. 春秋双唇水波纹硬陶罐

高 18.7、口径 18.1、底径 19.2 厘米

29. 春秋席纹双系硬陶罐

高 18.9、口径 16.7、底径 18.5 厘米

30. 春秋扁棱 S 形贴饰印纹硬陶罐

高 14.5、口径 9.5、腹径 24.5、底径 13.6 厘米

31. 春秋方格纹兽形双系硬陶罐

高 13.2、口径 10.0、底径 9.5 厘米

32. 春秋重菱纹双系升形硬陶罐

高 22.2、口径 10.5×12.6、底径 16.5 厘米

33. 春秋扁棱兽耳斗形印纹硬陶罐

高 15.8、口径 17.5×17.0、底径 17.0 厘米

34. 春秋印纹硬陶罐

高 15.6、口径 15.4、底径 17.0 厘米

35. 春秋席纹扁棱三兽耳硬陶坛

高 39.2、口径 22.5、底径 19.5 厘米

36. 春秋印纹硬陶坛

高 34.0、口径 15.1、底径 19.0 厘米

37. 春秋印纹硬陶双系筒形罐

高 15.3、口径 10.0、底径 13.2 厘米

二二

38. 春秋印纹硬陶双系坛

高 50.9、口径 15.0、腹径 36.2、底径 20.0 厘米

39. 春秋印纹硬陶坛

高 49.8、口径 21.1、腹径 35.2、底径 22.3 厘米

40. 春秋印纹硬陶盖罐

通高 29.3、口径 22.2、底径 18.0 厘米

41. 春秋双系筒形印纹硬陶盖罐

通高 30.9、口径 12.5、底径 15.5 厘米

42. 春秋网格纹硬陶罐

高 13.6、口径 8.8、底径 10.9 厘米

43. 春秋印纹硬陶罐

高 20.5、口径 13.7、底径 18.5 厘米

44. 春秋印纹硬陶罐

高 16.9、口径 13.7、底径 16.1 厘米

45. 春秋印纹硬陶双系罐

高 18.7、口径 13.3、底径 16.1 厘米

46. 春秋四兽形系印纹硬陶罐

高 17.8、口径 11.1、底径 17.3 厘米

47. 春秋印纹硬陶双系罐

高 13.8、口径 13.5、底径 14.5 厘米

48. 春秋四扉棱印纹硬陶罐

高 18.8、口径 17.9、底径 16.2 厘米

49. 春秋印纹硬陶双系罐

高 20.3、口径 14.8、底径 13.4 厘米

50. 春秋印纹硬陶坛

高 35.7、口径 16.2、底径 15.3 厘米

51. 春秋印纹硬陶坛

高 41.8、口径 18.7、底径 20.1 厘米

52. 春秋方格纹三足硬陶鼎

高 8.7、口径 9.9、底径 11.0 厘米

53. 春秋方格纹双系敛口硬陶罐

高 11.8、口径 5.1、底径 7.3 厘米

54. 春秋席纹双系硬陶仓

高 17.6、口径 14.2、底径 13.6 厘米

55. 战国方格纹带盖硬陶仓

通高 16.4、口径 18.3、底径 17.8 厘米

56. 战国细麻布纹双复系硬陶罐（一组）

高 3.1~6.0、口径 2.2~4.8、底径 2.9~5.4 厘米

57. 战国云雷纹泥质灰陶鼓座

高 15.2、口径 10.6、底径 35.5 厘米

58. 战国细麻布纹带把硬陶罐

高 6.0、口径 5.4、底径 5.3 厘米

59. 战国细麻布纹带把硬陶罐

高 5.2、口径 4.2、底径 4.8 厘米

60. 战国细麻布纹单系衔环单把硬陶罐

高 12.5、口径 8.9、底径 11.6 厘米

61. 战国细麻布纹双复系筒形硬陶罐

高 10.0、口径 7.1、底径 7.0 厘米

62. 战国细麻布纹双复系筒形硬陶罐

高 12.5、口径 6.8、底径 11.0 厘米

63. 战国细麻布纹双复系筒形硬陶罐

高 10.0、口径 7.0、底径 6.3 厘米

64. 战国提梁陶盉

高 19.9、口径 9.2、底径 18.6 厘米

65. 战国细麻布纹双耳衔环硬陶钵

高 9.1、口径 13.5、底径 10.4 厘米

66. 战国米格纹硬陶罐

高 8.7、口径 10.2、底径 8.5 厘米

67. 战国米格纹硬陶罐

高 15.0、口径 11.8、底径 10.6 厘米

68. 战国印纹硬陶坛

高 39.8、口径 19.5、底径 16.3 厘米

69. 汉釉陶屋

通高 22.7、进深 21、宽 21.3 厘米

湘湖旅游度假区经营管理有限公司藏

70. 东汉窗棂纹陶罍

高 26.5、口径 16.0、底径 15.0 厘米

71. 清绣球纹陶熏炉

高 39.5、腹径 40.5、底径 22.2 厘米

瓷器

1. 商双复系原始瓷尊

高 20.0、口径 24.0、底径 14.8 厘米

2. 西周原始瓷豆

高 6.1、口径 14.1、底径 7.3 厘米

3. 春秋原始瓷双系罐

高 19.2、口径 15.3、底径 17.1 厘米

4. 春秋席纹双系原始瓷罐

高 18.5、口径 10.9、底径 11.0 厘米

5. 春秋鸟形钮筒式原始瓷盖罐

通高 20.8、口径 16.5、底径 13.5 厘米

6. 春秋双系原始瓷壶

高 19.4、口径 9.1、底径 11.0 厘米

7. 春秋箭羽纹原始瓷罐

高 26.2、口径 24.2、底径 20.2 厘米

8. 战国云雷纹原始瓷盘

高 11.9、口径 40、足高 4.8 厘米

9. 战国原始瓷烤炉

高 9.6、外口径 33.0、内口径 25.5、底径 16.5 厘米

10. 战国叶脉纹原始瓷熏

高 47.3、口径 9.6、底径 17.8 厘米

11. 战国双系衔环原始瓷罐

高 18.8、口径 14.0、腹径 26.0、底径 13.2 厘米

12. 战国瓦纹双系原始瓷罐

高 28.7、口径 20.3、底径 22.6 厘米

13. 战国云雷纹双耳衔环原始瓷盖瓿

通高 27.7、盖径 19.1、口径 15.8、底径 20.5 厘米

陶瓷卷

14. 战国原始瓷鉴

高 10.7、口径 22.1、底径 16.0 厘米

15. 战国双系原始瓷罐

高 21.0、口径 17.0、底径 16.8 厘米

16. 战国铺首双系原始瓷罐

高 22.1、口径 16.3、腹径 33.4、底径 18.6 厘米

17. 战国原始瓷尊

高 23.0、口径 21.5、足径 18.5 厘米

18. 战国褐彩弦纹原始瓷镇

高 9.2、底径 10.3 厘米

19. 战国原始瓷錞于

高 39.1、口径 16.3、最大径 23、底径 18.3、纽高 4 厘米

20. 战国原始瓷句鑃

高 48.5、口径 21.9×15.7 厘米

21. 战国原始瓷句鑃

高 51.0、口径 22.8×15.2 厘米

22. 战国龙形原始瓷佩

长 19.9、宽 8.2、厚 1.6 厘米

23. 战国原始瓷提梁盉

高 17.3、口径 6.4 厘米

24. 战国原始瓷盖壶

通高 36.7、口径 13.6、底径 19 厘米

25. 战国原始瓷盖壶

通高 33.8、盖径 16.1、口径 12.4、底径 17.2 厘米

26. 战国兽首衔环双系原始瓷瓿

高 32.6、口径 22.5、腹径 45.5、底径 25.6 厘米

27. 战国原始瓷罐

高 14.0、口径 9.0、底径 9.8 厘米

28. 战国原始瓷勺（一对）

柄长 5.1、宽 7.2、柄孔径 1.6 厘米

29. 战国原始瓷盖罐（一组）

通高 11.2~11.6、口径 12.1~12.2、底径 7.6~7.7 厘米

30. 战国原始瓷匜

高 6.5、口径 13.6、底径 6.4 厘米

31. 战国原始瓷匜（一对）

高 6.1、口径 10.1、底径 4.4 厘米

32. 战国直口三足原始瓷罐

高 10.0、口径 7.4、足高 0.9 厘米

33. 战国直口三足原始瓷罐

高 9.3、口径 6.8、足高 0.7 厘米

34. 战国原始瓷兽面鼎

高 15.3、口径 14.3、足高 3.5 厘米

35. 战国原始瓷盖鼎

通高 20.6、口径 18.3、足高 6.7 厘米

36. 战国原始瓷鼎

高 18.2、口径 16.2、足高 7.0 厘米

37. 战国原始瓷鼎

高 19.2、口径 20.6、足高 7.5 厘米

杭州市萧山区第一次全国可移动文物普查成果

陶瓷卷

38. 战国原始瓷盖鼎

通高 20.3、口径 17.3、足高 8.1 厘米

39. 战国原始瓷盖鼎

通高 10.8、盖径 10.6、口径 8.9、足高 3.7 厘米

40. 战国原始瓷盖鼎

通高 18.6、口径 14.3、底径 8.0 厘米

41. 战国原始瓷盖鼎

通高 11.6、口径 10.4、足高 2.5 厘米

42. 战国原始瓷瓿

高 12.5、口径 15.1、内底径 7.0 厘米

43. 战国原始瓷虎子

高 17.6、口径 6.0、底径 13.1 厘米

44. 战国原始瓷罐

高 16.9、口径 10.1、底径 13.0 厘米

45. 战国原始瓷罐

高 17.8、口径 14.9、底径 12.0 厘米

46. 战国原始瓷罐

高 11.8、口径 11.9、底径 8.5 厘米

47. 战国双系原始瓷瓿

高 17.7、口径 17.0、腹径 29.4、底径 16.5 厘米

48. 战国细麻布纹原始瓷盂

高 4.1、口径 9.9、底径 6.5 厘米

49. 西汉塔状鸟形钮原始瓷熏

通高 17.2、口径 9.4、底径 7.4 厘米

50. 西汉双耳原始瓷盖瓿

通高 24.0 厘米

51. 西汉原始瓷钟

高 31.3、口径 15.3、底径 13.5 厘米

52. 西汉原始瓷盖钫

通高 42.1、口径 10.2×10.8、腹径 19.4×20.2、底径 12.9×13.2 厘米

53. 汉原始瓷熏炉

高 15.6、口径 5.6、底径 11.7 厘米

54. 汉原始瓷匜

高 6.0、口径 11.3×12、底径 8.5 厘米

55. 汉原始瓷盖鼎

通高 17.9、口径 14.1、底径 9.2 厘米

56. 汉原始瓷长颈瓶

高 25.0、口径 5.0、腹径 16.9、底径 12.3 厘米

57. 汉原始瓷盖壶

通高 24.1、口径 7.2、底径 10.2 厘米

58. 汉原始瓷博山炉

通高 16.3、口径 9.0、足径 7.5 厘米

59. 汉鸟形钮双唇原始瓷盖罐

通高 16.5、口径 7.7、底径 7.6 厘米

60. 汉原始瓷瓿

高 23.5、口径 8.1、底径 12.5 厘米

61. 汉原始瓷壶

高 43.1、口径 18.8、腹径 35.1、足径 20.8 厘米

62. 汉原始瓷双系壶

高 23.8、口径 5.8、腹径 19.2、底径 11.5 厘米

63. 东汉塔式原始瓷五管瓶

高 23.4、口径 9.8、底径 10.5 厘米

64. 东汉原始瓷井与吊桶

井：高 18.0、口径 11.0、底径 11.5 厘米
吊桶：高 5.2、口径 3.2 厘米

65. 东汉原始瓷盖鼎

通高 17.3、口径 17.0、底径 10.4 厘米

66. 东汉双耳原始瓷瓿

高 18.4、口径 10.2、两耳间距 24.7、底径 12.5 厘米

67. 东汉窗棂纹原始瓷瓮

高 45.8、口径 31.8、腹径 51.2、底径 21.5 厘米

68. 东汉网格纹原始瓷瓮

高 57.0、口径 37.0 厘米

69. 东汉褐釉五管瓶

高 49.0、口径 5.9、底径 15.4 厘米

70. 东汉青瓷五管瓶

高 53.5、底径 16.2 厘米

71. 东汉褐釉原始瓷酒具（一组）

底盘：高 3.2、口径 40.6、底径 39.5 厘米

镰斗：高 13.2、口径 17.2、足高 5.2 厘米

耳杯：高 3.3、口径 9.4×5.9、底径 5.2×2.9 厘米

72. 东汉黑釉双系瓷壶

高 22.5、口径 12.5、底径 12.0 厘米

73. 东汉原始瓷钟

高 31.2、口径 14.9、两耳间距 25.0、底径 14.5 厘米

74. 东汉原始瓷钟

高 33.1、口径 16.2、腹径 27.3、圈足径 17.8 厘米

75. 东汉原始瓷钟

高 32.1、口径 14.4、腹径 25.3、圈足径 16.1 厘米

76. 东汉原始瓷双系壶

高 31.8、口径 13.9、底径 11.6 厘米

77. 东汉越窑青瓷直口罐

高 10.5、口径 7.2、底径 9.1 厘米

78. 三国越窑青瓷堆塑罐

高 49.5、口径 8.1、底径 16.6 厘米

79. 三国越窑青瓷兽形提梁虎子

长 21.4、宽 13.8、高 16.3、口径 4.5 厘米

80. 西晋越窑青瓷虎子

长 22.2、高 17.0、口径 5.8 厘米

81. 西晋越窑青瓷虎子

长 25.1、高 16.8、口径 6.5 厘米

82. 西晋越窑青瓷虎子

长 25.3、高 16.8、口径 6.3 厘米

83. 西晋越窑青瓷奁

通高 11.0、口径 18.4、底径 18.6 厘米

84. 西晋越窑青瓷狮形插座

高 11.0、孔径 3.3、底径 17.3×6.9 厘米

85. 西晋越窑青瓷虎头罐

高 17.7、口径 11.7、底径 10.3 厘米

86. 西晋越窑青瓷盘口壶

高 21.4、口径 13.5、底径 10.8 厘米

87. 西晋越窑青瓷盘口壶

高 19.2、口径 9.2、底径 8.1 厘米

88. 西晋越窑青瓷人龙贴饰盘口壶

高 27.2、口径 15.4、腹径 25.5、底径 13.1 厘米

89. 西晋越窑青瓷铺首双系罐

高 20.8、口径 16.5、底径 10.9 厘米

90. 西晋越窑青瓷铺首三兽足洗

高 10.3、外沿口径 25.3、内口径 20.0、底径 11.6 厘米

91. 西晋越窑青瓷簋

高 10.2、口径 18.5、足径 12.5 厘米

92. 西晋越窑青瓷洗

高 10.7、口径 25.8、底径 12.5 厘米

93. 西晋越窑青瓷武士俑

高 28.9 厘米、底 13.0×14.4、腰部宽 12.5、厚 13.6 厘米

94. 西晋越窑青瓷仕女俑

高 26.3 厘米、底 12.3×15.1、腰部宽 11.8、厚 10.2 厘米

95. 西晋越窑青瓷男俑

高 23.8 厘米、底 8.46×5.65 厘米

96. 西晋越窑青瓷男俑

高 23.9 厘米、底 8.43×6.08 厘米

97. 西晋越窑青瓷女俑

高 19.7 厘米、底 7.08×4.93 厘米

98. 西晋越窑青瓷女俑

高 19.1 厘米、底 6.76×5.22 厘米

99. 西晋越窑青瓷双系罐

高 15.3、口径 13.0、底径 9.5 厘米

100. 西晋越窑青瓷四系罐

高 14.5、口径 10.5、底径 11.0 厘米

101. 西晋越窑青瓷四系罐

高 12.8、口径 10.5、底径 8.0 厘米

102. 西晋越窑青瓷四系罐

高 16.0、口径 11.7、底径 9.3 厘米

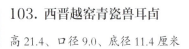

103. 西晋越窑青瓷兽耳卣

高 21.4、口径 9.0、底径 11.4 厘米

104. 西晋越窑青瓷槅

高 3.4、直径 19.4 厘米

105. 西晋越窑青瓷镂孔双耳熏

高 7.1、口径 9.5、底径 8.8 厘米

106. 西晋越窑青瓷三熊足蛙盂钮盖砚

通高 8.2、蛙钮口径 2.6、盖径 10.9、口径 9.0、足高 2.3 厘米

107. 西晋越窑青瓷三熊足砚台

高 4.5、口径 23.2、底径 23.1 厘米

108. 西晋越窑青瓷鸡舍

纵 8.5、横 15.4、高 12.0 厘米

109. 西晋越窑青瓷猪圈

高 9.0、口径 13.8、窗径 3.24×3.96、底径 13.3 厘米

110. 西晋越窑青瓷猪圈

高 5.3、口径 13.6、底径 11.0 厘米

111. 西晋越窑青瓷茅厕猪圈

高 9.3、口径 15.0、底径 13.7 厘米

一〇八

112. 西晋越窑青瓷竹节形鸡笼

长 13.2、高 10.2 厘米

113. 西晋越窑青瓷羊

长 8.5、高 7.1 厘米

114. 西晋越窑青瓷鸡首壶

高 16.5、口径 9.3、底径 8.3 厘米

115. 西晋越窑青瓷龙纹碗

高 5.9、口径 15.7、底径 8.1 厘米

116. 西晋越窑青瓷手炉

高 8.7、口径 7.8、底径 10.5 厘米

117. 西晋越窑青瓷井

高 19.0、口径 8.2、底径 11.7 厘米

118. 西晋越窑青瓷筒式罐

高 14.8、口径 10.8、底径 10.7 厘米

119. 西晋越窑青瓷三足洗

高 6.9、口径 18.9、底径 9.6 厘米

120. 西晋越窑青瓷灶

纵 12.0、横 29.0、高 14.4 厘米

121. 西晋越窑青瓷酒具（一组）

盘：高 8.5、口径 33.4、底径 29 厘米

耳杯（左）：高 8.3、口径 16.4×9.9、底径 9.5×5.9 厘米

耳杯（右）：高 8.0、口径 16.7×10.5、底径 8.9×6.0 厘米

勺子：长 12.3、高 4.4 厘米

122. 西晋越窑青瓷堆塑罐

高 46.5、腹径 27.1、底径 14.3 厘米

123. 西晋越窑青瓷堆塑罐

高 51.1、底径 15.9 厘米

124. 晋越窑青瓷四系罐

高 9.8、口径 8.7、底径 7.1 厘米

125. 晋越窑青瓷四系罐

高 22.4、口径 9.6、底径 11.1 厘米

126. 东晋越窑青瓷褐彩鸡首壶

高 21.0、口径 10.0、底径 10.7 厘米

127. 东晋越窑青瓷鸡首壶

高 20.2、口径 6.5、底径 10.0 厘米

128. 东晋青瓷褐彩鸡首壶

高 18.5、口径 8.7、底径 10.8 厘米

129. 东晋青瓷龙柄鸡首壶

高 23.6、口径 9.8、底径 12.6 厘米

130. 东晋越窑青瓷褐彩鸡首壶

高 19.4、口径 7.5、底径 9.5 厘米

131. 东晋德清窑黑釉瓷鸡首壶

高 14.3、口径 7.0、底径 9.1 厘米

132. 东晋越窑青瓷四复系盘口壶

高 31.0、口径 15.8、底径 11.4 厘米

133. 东晋青瓷褐彩六系盘口壶

高 24.7、口径 13.2、底径 9.8 厘米

134. 东晋越窑青瓷虎子

高 17.2、口径 5.5、底径 11.5 厘米

135. 东晋越窑青瓷虎子

高 18.4、口径 6.9、底径 12.1 厘米

136. 东晋越窑青瓷槅

高 3.7、口径 21.9、底径 22.0 厘米

137. 东晋越窑青瓷唾壶

高 16.2、口径 12.0、腹围 56.0、底径 13.0 厘米

138. 东晋越窑青瓷褐彩唾壶

高 9.8、口径 8.3、底径 8.8 厘米

139. 东晋越窑青瓷褐彩蛙形尊

高 13.1、口径 12.9、底径 10.1 厘米

140. 东晋越窑青瓷双系尊

高 9.5、口径 8.3、底径 6.2 厘米

141. 东晋越窑青瓷褐彩蛙形水盂

高 4.5、口径 3.7、底径 4.8 厘米

142. 东晋越窑青瓷蛙形水盂

高 3.5、口径 4.0、底径 5.0 厘米

143. 东晋越窑青瓷三足砚

高 4.3、口径 10.8、底径 10.1 厘米

144. 南朝越窑青瓷覆莲纹四复系盘口壶

高 18.7、口径 10.7、底径 9.2 厘米

145. 南朝青瓷唾壶

通高 9.3、口径 8.8、底径 11.3 厘米

146. 南朝青瓷刻划莲花纹盘

高 3.8、口径 22.2 厘米

148. 南朝青瓷人物灶

长 14.4、宽 9.3、高 10.5 厘米

149. 唐越窑青瓷盘龙罂

高 45.2、口径 22.3、腹径 25.3、底径 13.7 厘米

150. 唐青瓷盘龙罂

高 40.9、口径 20.2、底径 11.2 厘米

151. 唐贞元十八年越窑青瓷钱氏墓志及家族墓地界碑

长 42.7、宽 30.3、厚 3.8 厘米

152. 唐大和六年沈夫人越窑青瓷墓志碑

长 29.4、宽 24.1、厚 1.7 厘米

153. 唐越窑青釉瓷钵

高 10.6、口径 21.5、底径 9.1 厘米

154. 唐越窑青瓷钵形匜

高 5.8、口径 11.6、底径 5.6 厘米

155. 唐越窑青瓷方筒形带盖墓志罐

通高 26.3、口径 11×11、底径 8.6 厘米

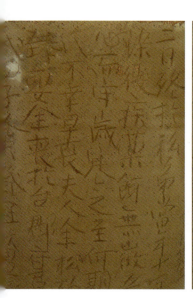
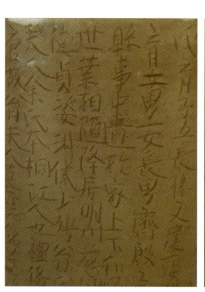
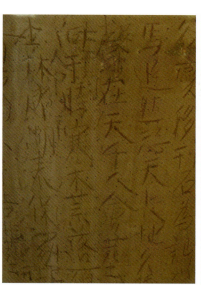
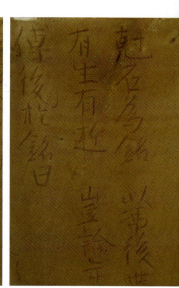

156. 唐越窑青瓷碗

高 4.2、口径 14.9、底径 6.5 厘米

157. 唐越窑青瓷碗

高 4.6、口径 14.8、底径 6.0 厘米

158. 唐越窑青瓷碗

高 5.1、口径 15.0、底径 6.6 厘米

159. 唐越窑青瓷四系罐

高 16.8、口径 8.0、圈足径 7.1 厘米

160. 唐越窑青瓷双系罐

高 14.7、口径 12.5、底径 7.3 厘米

161. 唐越窑青瓷注子

高 9.8、口径 4.6、底径 3.8 厘米

162. 唐越窑青瓷鸟形哨

长 6.5、高 4.5 厘米

163. 唐越窑青瓷镂空圈足砚

高 4.5、口径 16.7、圈足 20.0 厘米

164. 唐越窑青瓷刻划花卉葵口盏托

高 3.2、内径 7.8、外径 13.0、足径 6.0 厘米

165. 唐越窑青瓷盘口壶

高 33.0、口径 14.0、底径 9.5 厘米

166. 唐越窑青瓷粉盒

通高 7.0、盖径 12.8、口径 11.5、底径 6.7 厘米

167. 五代越窑青瓷粉盒

通高 2.7、盖径 9.6、口径 8.5、底径 5.3 厘米

168. 五代越窑青瓷葫芦形注子

高 8.0、口径 1.0、底径 3.7 厘米

169. 五代越窑青瓷水盂

高 7.5、口径 4.5、足径 5.6 厘米

170. 五代越窑青瓷划花盖罐

残高 8.5、口径 6.0、足径 8.0 厘米

171. 北宋青瓷刻划花粉盒

通高 4.0、口径 6.2、底径 5.5 厘米

172. 北宋青瓷刻花粉盒

通高 8.0、口径 12.0、足径 9.6 厘米

173. 宋青釉多层人物堆塑瓷瓶

通高 44.0、口径 8.7、底径 7.7 厘米

174. 南宋龙泉窑青瓷盘

高 4.8、口径 16.3、底径 7.3 厘米

175. 元龙泉窑刻花青瓷盘

高 4.5、口径 24.0、底径 9.2 厘米

陶瓷卷

176. 元蓝釉黑彩三足瓷炉

高 10.2、口径 6.4、足高 2.0 厘米

177. 明龙泉窑刻花花口青瓷盘

高 5.3、口径 33.0、底径 16.6 厘米

178. 明青花四系壶

高 32.4、口径 10.8、底径 12.5 厘米
湘湖旅游度假区经营管理有限公司藏

179. 明德化窑白釉海棠杯

高 5.9、口径 10.2×7.3、足径 3.7 厘米

180. 清"大清乾隆年制"款蓝地粉彩团花纹瓷碗

高 7.7、口径 19.1、足径 8.1 厘米

181. 清"大清乾隆年制"款蓝地描金龙纹瓷碗

高 8.1、口径 17.9、足径 7.0 厘米

182. 清青花花卉纹大瓷盘

高 6.1、口径 34.5、足径 20.5 厘米

183. 清"嘉庆年制"款红釉透雕云龙纹瓷鼻烟壶

高 7.9、口径 0.6、底径 1.9×1.4 厘米

184. 清末民国初青花双喜缠枝纹花瓶

口径 20、通高 44.3、底径 18.2 厘米

杭州市萧山区临浦镇人民政府藏

185. 民国八年於复祥作芦雁图罐（一对）

口径 9.5、高 22.3、底径 14 厘米

杭州市萧山区临浦镇人民政府藏

186. 民国青花双喜缠枝纹带锡盖大药罐

通高 25.4、口径 9、底径 16 厘米
杭州市萧山区临浦镇人民政府藏

187. 民国青花花卉纹带锡盖大药罐

通高 26.5、口径 10、底径 15.5 厘米
杭州市萧山区临浦镇人民政府藏

后记

  通过第一次全国可移动文物普查，萧山区共发现收藏有可移动文物的国有单位9家，登录文物4282件（套），其中陶瓷1503件（套），时代上到商周时期，下至明清、民国时期，其中最具代表性的是商周时期的印纹硬陶、原始瓷和东汉至唐宋时期的越窑青瓷，可谓精品迭出。本书是在此次陶瓷普查数据资料的基础上通过甄选编辑而成，是对普查工作的一个小结，也是对普查成果的进一步巩固。书中未注明收藏单位的藏品均为萧山博物馆收藏，特此说明。

  本书的完成是全区文物普查工作者共同努力的成果，在此对他们的辛勤劳动表示衷心感谢。同时感谢杭州市萧山区博物馆、中共杭州市萧山区委党史研究室、杭州市萧山区衙前镇人民政府、杭州市萧山区义桥镇人民政府、杭州市萧山区临浦镇人民政府、杭州市萧山区第二高级中学、萧山区湘湖初级中学、杭州市萧山区革命烈士陵园管理所、浙江湘湖旅游度假区经营管理有限公司等9家国有收藏单位的大力支持和协助。

  由于编者学识水平有限，书中难免有疏漏谬误之处，敬请广大读者批评指正。